suhrkamp taschenbuch 5162

Als er auf der Trauerfeier der Bürgerrechtsikone John Lewis spricht, sind die USA aus den Fugen geraten: Hunderttausende Corona-Opfer, Millionen Menschen ohne Arbeit, massive Proteste nach dem gewaltsamen Tod von George Floyd. Vor diesem Hintergrund beschwört Barack Obama seine Vision der Vereinigten Staaten als ein Land, das das Versprechen einer besseren Zukunft für alle in sich trägt. *Es braucht Mut* ist brillante Analyse, kämpferischer Appell und schon jetzt ein Stück Zeitgeschichte.

Barack Obama, geboren am 4. August 1961 in Honolulu auf Hawaii, war der 44. Präsident der USA und wurde während seiner Präsidentschaft mit dem Friedensnobelpreis ausgezeichnet. Er ist der erste Afroamerikaner, der in das höchste Regierungsamt der USA gewählt wurde.

Barack Obama
Es braucht Mut

Aus dem amerikanischen Englisch
von Daniel Beskos

Suhrkamp

Erste Auflage 2020
suhrkamp taschenbuch 5162
Deutsche Erstausgabe

Umschlagabbildung: 506 collection / Alamy Stock Photo
Umschlaggestaltung: Rothfos & Gabler, Hamburg
Druck: CPI books GmbH, Leck
Printed in Germany
ISBN 978-3-518-47162-3

Es braucht Mut

Barack Obama hielt die abgedruckte Rede am 30. Juli 2020 während der Trauerfeier für Bürgerrechtsikone John Lewis in der Ebenezer Baptist Church in Atlanta.

Jakobus schrieb an die Gläubigen: »Meine Brüder und Schwestern! Ihr habt allen Grund zur Freude, wenn ihr vielfältig auf die Probe gestellt werdet. Denn ihr wisst: Wenn euer Glaube geprüft wird, bewirkt das Standhaftigkeit. Diese Standhaftigkeit aber soll euch zu einem Handeln befähigen, das vollkommen ist. Dann werdet ihr vollkommen und unversehrt sein, und es wird euch an nichts fehlen.«

Es ist mir eine große Ehre, wieder hier in der Ebenezer Baptist Church zu sein, in der Kanzel ihres größten Pastors, Dr. Martin Luther King, und meinen Respekt aussprechen zu dürfen für jemanden, der vielleicht sein bester Schüler war – ein Amerikaner, dessen Glaube ein ums andere Mal auf die Probe gestellt wurde, was ihn zu einem Mann voller Freude und unbezwingbarer

Standhaftigkeit hat werden lassen: John Robert Lewis.

Sehr geehrte Vorrednerinnen und Vorredner, Präsidenten Bush und Clinton, Madam Speaker Pelosi, Reverend Warnock, Reverend King, Johns Familie, seine Freunde, seine geschätzten Mitarbeiter und Mitarbeiterinnen, Bürgermeisterin Bottoms – ich bin heute hier, weil ich, wie so viele Amerikanerinnen und Amerikaner, John Lewis und seiner überzeugenden Vision von Freiheit sehr viel verdanke.

Dieses Land entwickelt sich beständig weiter. Bei unserer Geburt gab man uns einen Auftrag: Unsere Gemeinschaft zu einer noch besseren zu machen. In diesen Worten schwingt immer auch der Gedanke mit, dass wir nicht perfekt sind; dass jede neue Generation mit dem Ziel antritt, die unvollendete Arbeit der Vorangegangenen aufzunehmen und sie weiter zu bringen, als irgendjemand es sich hätte vorstellen können.

John Lewis – der allererste Freedom Rider,

der Leiter des Student Nonviolent Coordinating Committee, der jüngste Redner beim Marsch auf Washington, der Anführer des Marsches von Selma nach Montgomery, der Kongressabgeordnete, der seinen Staat und seinen Distrikt 33 Jahre lang vertrat, bis zuletzt ein Mentor für junge Menschen, mich damals eingeschlossen – er nahm diese Verantwortung nicht nur an, er machte sie zu seinem Lebenswerk.

Nicht übel für einen Jungen aus Troy. John wurde in bescheidene Verhältnisse hineingeboren – soll heißen: er war arm –, im Herzen des Jim-Crow-Südens, als Kind von Eltern, die die Baumwolle anderer Leute pflückten. Aus der Landarbeit machte er sich aber offenbar nichts – an Tagen, an denen er seinen Brüdern und Schwestern bei der Arbeit helfen sollte, versteckte er sich unter der Veranda und legte einen Sprint zum Schulbus hin, sobald dieser auftauchte. Willie Mae Lewis, seine Mutter, unterstützte diese Neugier in ihrem schüchternen, ernsten Kind. »Wenn du erstmal etwas gelernt hast«, sagte sie zu ihrem Sohn, »wenn es erstmal in deinem Kopf ist, kann es dir niemand wieder wegnehmen.«

Als kleiner Junge lauschte John abends hinter der Tür, wenn die Freunde seines Vaters über den Klan klagten. Als Teenager hörte er eines Sonntags eine Predigt von Dr. King im Radio. Als Student in Tennessee meldete er sich bei den Workshops von Jim Lawson an, in denen dieser Strategien zum gewaltfreien zivilen Ungehorsam vermittelte. John Lewis hatte etwas verinnerlicht, eine Idee, die er nicht mehr vergessen konnte, die sich in ihm festgesetzt hatte – dass gewaltfreier Widerstand und ziviler Ungehorsam die Mittel waren, mit denen man nicht nur Gesetze verändern konnte, sondern auch die Herzen, die Gedanken, ganze Nationen und schließlich auch die Welt.

Also half er 1960 mit, die Aktionen in Nashville zu organisieren. Er, und mit ihm andere junge Männer und Frauen, setzten sich, schick angezogen und aufrecht, an eine für Weiße bestimmte Dinertheke und ließen nicht zu, dass irgendetwas ihre Würde und ihre Vorsätze schmälerte, kein Milchshake, der ihnen über den Kopf geschüttet wurde, keine Zigarette, die man ihnen auf dem Rücken ausdrückte, kein Fußtritt, der nach ihren Rippen zielte. Und nach einigen Monaten erreichten diese Aktionen in Nashville, dass erstmals in einer Großstadt im Süden die Rassentrennung in öffentlichen Einrichtungen aufgehoben wurde.

John machte zum ersten Mal Erfahrungen mit dem Gefängnis – dann zum zweiten, dritten und ... nun, noch einige Male. Aber er lernte auch das Siegen kennen. Es erfüllte ihn mit einem Sinn für Gerechtigkeit. Und so trug er den Kampf weiter in den Süden.

Im selben Jahr, nur Wochen, nachdem der Oberste Gerichtshof entschieden hatte, dass Rassentrennung in Fernbussen verfassungswidrig sei, kauften John und Bernard Lafayette zwei Bustickets, bestiegen einen Greyhound, setzten sich nach vorn und weigerten sich, die Plätze zu räumen. Dies war noch Monate vor dem ersten offiziellen Freedom Ride. John testete die Sache aus. Er hatte dazu keine Erlaubnis, nur wenige wussten, was die beiden vorhatten. Und bei jedem Stopp, die ganze Nacht hindurch, muss der wütende Fahrer aus dem Bus und in die Station gestürmt sein. John und Bernard wussten nie, womit oder mit wem er zurückkehren würde. Es war niemand da, der sie beschützen würde. Es gab keine Kamerateams, die das Ganze festhielten. Wissen Sie, manchmal lesen wir darüber und halten es für selbstverständlich. Oder zumindest tun wir so, als wäre es unausweichlich gewesen. Aber stellen Sie sich einmal die Courage vor, die zwei junge Leute haben müssen, in Malias Alter oder sogar jünger als meine ältere Tochter, um ganz auf sich gestellt ein gesamtes System der Unterdrückung anzugreifen.

John war damals erst zwanzig. Aber er legte jedes einzelne dieser zwanzig Jahre ins Gewicht, denn er setzte alles darauf, wirklich alles, dass sein Vorgehen die seit Jahrhunderten bestehenden

Konventionen, die seit Generationen andauernde brutale Gewalt und die zahllosen Erniedrigungen, die Afroamerikanerinnen und Afroamerikaner täglich erdulden müssen, in Frage stellen konnte.

So wie Johannes der Täufer ein Wegbereiter war, so wie die Propheten des Alten Testaments den Herrschern die Wahrheit vorhielten, so zögerte auch John Lewis niemals – er bestieg immer wieder Busse und setzte sich an Dinertheken, wurde wieder und wieder verhaftet und marschierte weiter und weiter auf seiner Mission, Amerika zu verändern.

Als er beim Marsch auf Washington eine Rede vor einer Viertelmillion Menschen hielt, war er erst 23 Jahre alt.

Als er den Freedom Summer in Mississippi mitorganisierte, war er 24.

Im reifen Alter von 25 bat man John, den Marsch von Selma nach Montgomery anzuführen. Man hatte ihn gewarnt, dass Governor Wallace seinen Truppen befohlen hatte, mit Gewalt dagegen vorzugehen. Und dennoch führten John und Hosea Williams und andere die Menschen auf jene Brücke. Wir alle haben den Film und die Bilder und Fotos gesehen, und Präsident Clinton erwähnte vorhin bereits den Mantel, den Rucksack, das Buch, den Apfel, die Zahnbürste – offenbar kümmerten sich die Gefängnisse damals nicht um solche Annehmlichkeiten. Und dann schaut man sich diese Bilder an, und John ist darauf so jung, von so schmaler Statur, noch immer das kleine, ernste Kind seiner Mutter und dabei doch so voller Zielstrebigkeit. Gott hatte ihn mit Standhaftigkeit gesegnet.

Wir wissen, wie es den Protestierenden an jenem Tag ergangen ist. Man brach ihnen mit Schlagstöcken die Knochen, man füllte ihre Augen und Lungen mit Tränengas. Als sich die Menschen hinknieten, um zu beten, wurden ihre Köpfe zu noch leichteren Zielen, und John erhielt einen Schlag auf den Schädel. Er dachte, er würde sterben, inmitten von jungen Amerikanerinnen und Amerikanern, die würgend, blutend, getreten zu Opfern von öffentlich gebilligter Gewalt geworden waren, in ihrem eigenen Land.

Und ich glaube, die Polizeikräfte dachten damals wirklich, sie hätten den Kampf gewonnen. Man kann sich ihre Gespräche danach gut vorstellen. Man kann sich vorstellen, wie sie sagten: »Yeah, denen haben wir's gezeigt.« Sie dachten, sie hätten die Protestierenden zurück über die Brücke gejagt; sie dachten, sie hätten das System bewahrt, ein System, das ihren Mitbürgerinnen und Mitbürgern rundweg die Menschlichkeit absprach. Nur dass dieses Mal Kameras dabei waren. Diesmal konnte die Welt mit ansehen, was passierte, konnte bezeugen, wie Schwarze Amerikanerinnen und Amerikaner lediglich verlangten, genauso behandelt zu werden wie alle anderen Amerikaner auch. Sie verlangten keinerlei Sonderbehandlung, sondern nur jene Gleichberechtigung, die ihnen schon ein Jahrhundert zuvor versprochen worden war, und fast ein weiteres Jahrhundert davor ebenfalls.

Als John wieder zu sich kam und sich selbst

aus dem Krankenhaus entließ, sorgte er dafür, dass die Welt von einer Bewegung erfuhr, die man mit den Worten der Bibel beschreiben könnte: »Von allen Seiten bedrängt, aber nicht verängstigt. Bange, aber nicht verzagt. Verfolgt, aber nicht verlassen. Unterdrückt, aber am Leben.« Man versammelte sich wieder in der Brown Chapel; John als angeschlagener Prophet, einen Verband um den Kopf, und er sagte: Nun werden mehr Demonstrierende kommen. Und die Menschen kamen. Und die Polizeikräfte zogen sich zurück. Und der Marsch erreichte Montgomery. Und ihre Worte erreichten das Weiße Haus – und Lyndon Johnson, ein Sohn des Südens, sagte: »We shall overcome«, das Wahlrechtsgesetz wurde zur Realität.

John Lewis' Leben war in so vielfältiger Hinsicht außergewöhnlich. Dieses Leben rechtfertigte den Glauben an unsere Verfassung, es löste ihn ein; jene amerikanischste aller Ideen, der Idee, dass wir alle, auch die gewöhnlichsten Menschen ohne Rang oder Reichtum oder Titel oder Berühmtheit, die Möglichkeit haben, auf die Mängel unserer Nation hinzuweisen, uns zu versammeln, den Status quo anzufechten und zu entscheiden, dass es in unser aller Macht liegt, dieses Land, das wir so lieben, so lange zu verändern, bis es unseren höchsten Idealen besser entspricht. Welch radikale Vision. Welch revolutionärer Gedanke. Dass jeder von uns, auch normale Menschen, auch ein Junge aus Troy, sich gegen die Mächtigen, gegen die Herrschenden stellen und sagen kann: Nein, das ist nicht richtig, das ist nicht wahr, das ist nicht gerecht. Wir können das besser. Auf diesem Schlachtfeld der Gerechtigkeit haben Amerikaner wie John, aber auch wie die Reverends Lowery und C. T. Vivian, zwei weitere Patrioten, die wir dieses Jahr verloren haben, uns alle befreit – etwas, was viele Amerikanerinnen und Amerikaner inzwischen für selbstverständlich halten.

Amerika wurde von solchen Persönlichkeiten aufgebaut, von diesen John Lewises. Wie so viele andere in unserer Geschichte führte er unser Land ein kleines Stückchen näher an unsere höchsten Ideale heran. Und eines Tages, wenn wir unsere lange Reise hin zur Freiheit beendet haben werden, wenn wir unsere Gesellschaft zu einer besseren gemacht haben werden – ob das nun noch Jahre dauern mag oder Jahrzehnte oder gar noch weitere zwei Jahrhunderte –, wird John Lewis einer der Gründerväter dieses vollkommeneren, gerechteren, besseren Amerika sein.

Doch so außergewöhnlich John auch war, wichtig ist etwas ganz anderes: John glaubte immer, dass das, was er tat, auch jede und jeder andere in unserem Land tun könnte. Ich habe das schon in meinem kurzen Statement an Johns Todestag erwähnt, das Besondere an John war ja, wie sanftmütig und bescheiden er war. Trotz seiner bemerkenswerten, geschichtsträchtigen Karriere behandelte er jede und jeden immer freundlich und respektvoll, weil er einfach den Gedanken zutiefst verinnerlicht hatte, dass jede und jeder von uns das tun könnte, was er getan hatte, wenn wir nur den Willen und die Standhaftigkeit dazu haben.

Er glaubte fest daran, dass uns allen die Möglichkeit zu großer Courage gegeben ist, dass wir alle danach streben, zu tun, was richtig ist, dass in uns allen die Bereitschaft angelegt ist, alle Menschen zu lieben und ihnen ihre gottgegebenen Rechte auf Würde und Respekt zuzugestehen. Doch so viele von uns haben dieses Gefühl verloren. Es wurde uns aberzogen. Wir fühlen uns manchmal sogar so, als könnten wir uns Freundlichkeit und Anstand anderen gegenüber nicht leisten, als ginge es uns besser, wenn wir über ihnen stünden und auf sie herabblickten. Und diese Haltung wird in unserer Kultur so oft gefördert. Aber John sah in uns immer das Beste. Und eben weil er das Beste in uns sah, gab er nie auf, verstummte nie. Er glaubte an uns, auch dann, wenn wir selbst nicht mehr an uns glauben konnten. Auch als Kongressabgeordneter gab er nicht nach, ließ sich weiterhin verhaften. Noch als alter Mann scheute er vor keinem Kampf zurück;

beim Streik im Capitol blieb er die ganze Nacht auf dem Boden sitzen. Ich weiß, wie anstrengend es für sein Team war.

Doch die Prüfung seines Glaubens bewirkte Standhaftigkeit. Er wusste, dass der Marsch noch nicht vorbei ist, das Rennen noch nicht gewonnen, dass wir jenes gelobte Land noch nicht erreicht haben, wo wir »nur nach dem Wesen unseres Charakters« beurteilt werden. Er wusste aus eigener Erfahrung, dass jeder Fortschritt immer zerbrechlich ist; dass wir wachsam sein müssen angesichts der dunklen Strömungen in der Geschichte dieses Landes, in unserer eigenen Geschichte, mit ihren Strudeln von Gewalt und Hass und Verzweiflung, die jederzeit wiederaufleben können.

Bull Connor mag Geschichte sein. Aber auch heute noch müssen wir mit eigenen Augen mit ansehen, wie Polizeibeamte auf den Hälsen Schwarzer Amerikanerinnen und Amerikaner knien. George Wallace mag ebenfalls Geschichte sein. Aber noch immer werden wir Zeuge davon, wie unsere Bundesregierung Einsatzkräfte mit Tränengas und Schlagstöcken gegen friedliche Demonstrantinnen und Demonstranten schickt. Und es stimmt, wir müssen nicht länger raten, wie viele Jelly-Beans in einem Glas sind, um einen Stimmzettel abgeben zu dürfen. Trotzdem versuchen die Mächtigen genau in diesem Moment, in dem wir hier sitzen, die Menschen mit allen Mitteln vom Wählen abzuhalten – indem sie Wahlbüros schließen, indem sie Minderheiten und Studierende mit restriktiven Wähleridentifikationsgesetzen benachteiligen, indem sie unser Wahlrecht mit chirurgischer Präzision angreifen und indem sie sogar die Post diskreditieren, und das im Vorfeld einer Wahl, die stark von der Briefwahl abhängig sein wird, damit die Menschen sich davor schützen können, krank zu werden.

Mir ist bewusst, dass wir hier heute Johns Leben feiern wollen. Es gibt sicher einige, die der Ansicht sind, dass wir uns heute nicht mit diesen Dingen befassen sollten. Aber genau deshalb spreche ich darüber. John Lewis setzte seine gesamte Zeit auf dieser Erde dafür ein, die Angriffe auf die Demokratie und alles, was gut ist in unserem Land, die Angriffe, die wir auch jetzt wieder beobachten können, zu bekämpfen.

Er wusste, dass in jedem von uns eine gottgegebene Kraft wohnt. Und dass das Schicksal dieser Demokratie davon abhängt, wie wir sie nutzen. Er wusste, dass Demokratie nicht von selbst geschieht, dass sie genährt, gepflegt werden muss, dass wir an ihr arbeiten müssen, was nicht einfach ist. Und so wusste er auch, dass es jetzt darauf ankommt, ob wir etwas, ein klein wenig nur, von seiner moralischen Beherztheit aufbringen und die Frage stellen können, was richtig ist und was falsch, und die Dinge bei ihrem Namen nennen. Er hatte gesagt, dass er, solange noch Leben in ihm war, alles dafür tun würde, um diese Demokratie zu bewahren. Und solange noch Leben in uns ist, müssen wir sein Anliegen fortführen. Wenn wir wollen, dass unsere Kinder in einer Demokratie aufwachsen – nicht einfach nur mit Wahlen, sondern in einer echten Demokratie, einer repräsentativen Demokratie, einem großherzigen, toleranten, lebendigen, offenen Amerika, das sich beständig weiterentwickelt –, dann müssen wir mehr wie John sein. Wir müssen nicht all das tun, was er getan hat, denn er hat es schon für uns getan. Aber wir müssen dennoch etwas tun. Der Herr sprach zu Paulus: »Fürchte dich nicht! Rede nur, schweige nicht! Denn ich bin mit dir, niemand wird dir etwas antun. Viel Volk nämlich gehört mir in dieser Stadt.« Jetzt müssen alle nur noch aufstehen und wählen gehen. Wir haben viel Volk in der Stadt, aber wir müssen auch etwas tun.

So wie John sollten auch wir weiterhin Ärger machen, guten Ärger. Er wusste, dass gewaltfreier Widerstand patriotisch ist; es ist ein Weg, etwas ins öffentliche Bewusstsein zu rücken, ein Licht auf Ungerechtigkeiten zu werfen und es den Mächtigen unbequem zu machen.

So wie John müssen wir uns nicht zwischen

Protest und Politik entscheiden; es ist keine Entweder-oder-Frage, beides ist möglich. Wir müssen uns an Protesten beteiligen, wo dies nützlich ist, aber wir müssen unsere Leidenschaft und unser Anliegen auch in Gesetze und institutionelle Praktiken übertragen. Aus genau diesem Grund kandidierte John vor 34 Jahren für den Kongress.

So wie John müssen wir uns noch mehr für das mächtigste Werkzeug einsetzen, das uns zur Verfügung steht, nämlich unser Recht zu wählen. Das Wahlrechtsgesetz ist eine der höchsten Errungenschaften unserer Demokratie. John hat dafür damals jene Brücke überquert. Er hat dafür sein Blut vergossen. Und, nebenbei, es war das Resultat gemeinsamer Anstrengungen der Demokraten und auch der Republikaner. Präsident Bush, der vorhin bereits sprach, und auch sein Vater unterzeichneten während ihrer Amtszeiten die Verlängerungen dieses Gesetzes. Präsident Clinton musste das nicht, denn bei seinem Amtsantritt war es bereits gültig, stattdessen führte er ein Gesetz ein, das es den Menschen einfacher machte, sich für die Wahlen zu registrieren.

Doch nachdem der Oberste Gerichtshof das Wahlrechtsgesetz mit seiner Entscheidung geschwächt hatte, stellten die Regierungen einiger Bundesstaaten eine ganze Reihe von neuen Gesetzen auf, die darauf abzielten, das Wählen zu erschweren – übrigens waren dies vor allem Bundesstaaten, die eine hohe Wahlbeteiligung von Minderheiten und ein großes Bevölkerungswachstum aufweisen. Das war nun nicht unbedingt besonders rätselhaft, noch war es ein Zufall. Es war ein Angriff auf alles, wofür John gekämpft hat. Es war ein Angriff auf unsere demokratischen Freiheiten. Und genauso sollten wir es auch behandeln.

Die Politik will John ehren – und ich bin so dankbar für all die Arbeit, die die heute hier anwesenden Kongressleiter geleistet haben –, aber es gibt einen besseren Weg, dies zu tun, als ihn einen Helden zu nennen. Wir wollen John ehren? Dann sollten wir das tun, indem wir das Gesetz wiederbeleben, für das er zu sterben bereit war. Und, nebenbei bemerkt, dieses Gesetz *John Lewis Voting Rights Act* zu nennen, ist eine großartige Anerkennung. Aber John hätte nicht gewollt, dass wir uns damit aufhalten, lediglich das zu erreichen, was wir bereits einmal erreicht haben. Sobald der John Lewis Voting Rights Act verabschiedet ist, sollten wir weitermarschieren, um es noch besser zu machen. Etwa indem wir dafür sorgen, dass jede Amerikanerin und jeder Amerikaner automatisch als Wählerin und Wähler registriert ist, ehemalige Häftlinge, die eine zweite Chance verdient haben, eingeschlossen.

Indem wir neue Wahlbüros eröffnen, die vorzeitige Stimmabgabe ausweiten und den Wahltag zu einem nationalen Feiertag machen, damit du, wenn du etwa in einer Fabrik arbeitest oder eine alleinerziehende Mutter bist und bei der Arbeit sein musst und nicht freibekommst, dennoch deine Stimme abgeben kannst.

Indem wir sicherstellen, dass alle amerikanischen Bürgerinnen und Bürger gleichberechtigt in unserer Regierung vertreten sind, auch die Bürgerinnen und Bürger von Washington, D.C., und Puerto Rico. Auch sie sind Amerikanerinnen und Amerikaner.

Indem wir die parteiliche Wahlkreisschiebung beenden, so dass es in der Macht aller Wählerinnen und Wähler liegt, sich ihre Politikerinnen und Politiker auszusuchen, und nicht umgekehrt.

Und wenn es für all das notwendig ist, den Filibuster abzuschaffen – ein weiteres Relikt aus der Jim-Crow-Zeit –, um so die gottgegebenen Rechte aller Amerikanerinnen und Amerikaner zu sichern, dann sollten wir das tun.

Doch auch wenn wir all dies umsetzten, auch wenn jedes Gesetz, das nur zur Unterdrückung von Wählerinnen und Wählern erfunden wurde, noch heute abgeschafft werden würde, so müssen wir doch auch ehrlich zugeben, dass zu viele von uns sich dafür entscheiden, ihr Wahlrecht nicht auszuüben; dass zu viele Bürgerinnen und Bürger glauben, ihre Stimme würde ja doch nichts bewirken; dass zu viele in den Zynismus einfallen – der übrigens die zentrale Strategie zur Unterdrückung von Wählern ist –, sich entmutigen lassen und nicht mehr an ihre eigene Macht glauben.

Wir werden uns also erneut an das erinnern müssen, was John gesagt hat: »Wenn wir nicht alles dafür geben, die Dinge zu ändern, dann bleiben sie, wie sie sind. Diesen Weg gehen wir nur einmal. Wir müssen alles dafür geben.« Solange junge Menschen auf den Straßen protestieren, mit der Hoffnung auf echte Veränderung, bin ich zuversichtlich. Aber wir anderen können sie an der Wahlurne nicht einfach im Stich lassen. Nicht, wenn die kommende Wahl auf so vielen Ebenen so wichtig ist wie nur wenige zuvor. Wir können unsere Stimmabgabe nicht als etwas betrachten, das wir mal eben nebenbei erledigen, falls wir Zeit dazu haben. Wir müssen sie vielmehr als die wichtigste Handlung ansehen, die wir im Namen der Demokratie überhaupt ausführen können.

So wie John müssen wir alles dafür geben.

Es erfüllt mich mit Stolz, mit John Lewis befreundet gewesen zu sein. Ich lernte ihn während meines Jura-Studiums in Harvard kennen. Er hielt dort eine Rede, und ich ging hinterher zu ihm und sagte: »Mr Lewis, Sie sind einer meiner Helden. Was Sie und Reverend Lawson und Bob Moses und Diane Nash und die anderen gemacht haben, hat mich als jungen Mann mehr inspiriert als alles andere.« Und er hatte diese Art von: »Ach, nicht der Rede wert, vielen Dank.«

Als ihn das nächste Mal traf, war ich gerade in den Senat gewählt worden. Ich sagte zu ihm: »John, ich bin deinetwegen hier.« Bei meiner Vereidigung als Präsident 2009 war er einer der Ersten, die ich auf dem Podium begrüßte und umarmte. Ich sagte damals zu ihm: »Dies ist auch dein Tag.«

Er war ein guter, ein freundlicher, ein sanfter

Mann. Und er hat an uns geglaubt – auch dann, wenn wir nicht an uns selbst glaubten. Es passt ganz gut, dass das letzte Mal, als John und ich eine öffentliche Bühne teilten, auf *Zoom* stattfand. Und ich bin mir ziemlich sicher, dass weder er noch ich den *Zoom*-Call gestartet haben, weil wir beide nicht wussten, wie es funktioniert. Es war ein virtuelles Rathaus mit einer Ansammlung junger Aktivistinnen und Aktivisten, die in diesem Sommer geholfen hatten, die Demonstrationen nach dem Tod von George Floyd zu organisieren. Ich sprach danach noch mit John unter vier Augen, und er hätte nicht stolzer sein können – diese neue Generation von Aktivistinnen und Aktivisten zu sehen, die für Freiheit und Gleichheit eintrat; eine neue Generation, die darauf bedacht ist, zu wählen und das Wahlrecht zu schützen, eine neue Generation, die in manchen Fällen sogar für politische Ämter kandidiert.

Ich sagte ihm: All diese jungen Menschen, John – jedweder Hautfarbe und Religion, mit so verschiedenen Hintergründen, jedweden Geschlechts und sexueller Orientierung – John, das sind deine Kinder. Sie haben aus deinem Beispiel gelernt, auch wenn sie sich dessen nicht immer bewusst waren. Dank ihm haben sie verstanden, was die amerikanische Staatsbürgerschaft erfordert, auch wenn sie seinen Mut nur aus den Geschichtsbüchern kennen.

»Zu Tausenden haben gesichtslose, anonyme, unerbittliche junge Menschen, Schwarze und Weiße ... unsere ganze Nation zu jenen großen Quellen der Demokratie zurückgeführt, die einst die Gründerväter bei der Formulierung der Verfassung und der Unabhängigkeitserklärung so tief gegraben haben.«

Das sagte Dr. King in den 1960er Jahren. Und diesen Sommer wurde es wieder wahr.

Wir können es sehen, vor unseren Fenstern, in Großstädten und auf dem Land, an den Männern und Frauen, Jungen und Alten, Heterosexuellen oder aus der LGBTQ-Gemeinde, an Schwarzen, die sich nach Gleichberechtigung sehnen, und an Weißen, die ihre eigenen Freiheiten nicht länger hinnehmen können, solange sie mit ansehen müssen, wie ihre amerikanischen Mitbürgerinnen und Mitbürger unterdrückt werden. Wir sehen es an jeder und jedem, die oder der sich an die harte Arbeit macht, die eigene Selbstgefälligkeit zu überwinden, unsere Ängste und Vorurteile, unseren Hass zu überwinden. Wir sehen es daran, dass Menschen versuchen, zu besseren, wahreren Versionen ihrer selbst zu werden.

Und das ist es, was John Lewis uns lehrt. Daher kommt der wahre Mut. Nicht dadurch, dass wir uns gegeneinander wenden, sondern indem wir uns einander zuwenden. Nicht indem wir Hass und Spaltung säen, sondern indem wir Liebe und Wahrheit verbreiten. Nicht dadurch, dass wir uns unserer Verantwortung, ein besseres Amerika und eine bessere Welt zu schaffen, entziehen, sondern dadurch, dass wir diese Verantwortung mit Freude und Standhaftigkeit annehmen und dabei feststellen, dass wir in unserer geliebten Gemeinschaft diesen Weg niemals alleine gehen.

Was für ein Geschenk John Lewis war. Wir alle hatten das Glück, dass er eine Zeitlang mit uns gegangen ist und uns den Weg gezeigt hat.

Gott segne Sie alle. Gott segne Amerika. Gott segne diese sanfte Seele, die unser Land seinem Versprechen näher gebracht hat.